Das große Quiz zur Nationalmannschaft

Das große Quiz zur Nationalmannschaft

Günther Misenta mit Cartoons von Christoph Härringer

Ellert & Richter Verlag

Inhalt

- 6   Das große Quiz zur Nationalmannschaft
- 8   Weltmeister in Brasilien 2014
- 28   Weltmeister 2014 – Europameister 2016 ?
- 40   Das Wunder von Bern 1954
- 52   1974 Deutschland – Weltmeister im eigenen Land
- 62   Rom 1990 – der dritte Triumph
- 70   Rund um die Nationalmannschaft
- 90   Alle vier Jahre eine Fußball-Weltmeisterschaft
- 103   Autoren
- 104   Impressum

Das große Quiz zur Nationalmannschaft

„Aller guten Dinge sind drei", so lautet ein bekanntes Sprichwort, und es trifft auf die deutsche Fußballnationalmannschaft mit ihren drei Titeln bei Europameisterschaften zu: 1972 – 1980 – 1996. Lange Zeit war sie auch dreifacher Weltmeister: 1954, 1974 und 1990, bis der ersehnte vierte Titel beim Turnier in Brasilien hinzukam.

„Das große Quiz zur Nationalmannschaft" ruft mit 123 unterhaltsamen Fragen und informierenden Antworten wichtige Ereignisse und Personen der deutschen Fußballgeschichte in Ihre Erinnerung zurück.

Illustriert ist das Quiz mit Karikaturen des bekannten Sport-Karikaturisten Christoph Härringer. Er begleitet seit

einem Jahrzehnt das Fußballgeschehen für zahlreiche Tageszeitungen. Was Horst Haitzinger für die politische Karikatur geworden ist, wurde Härringer für den Sport.

Günther Misenta und Christoph Härringer kennen sich aus der gemeinsamen Freiburger Schulzeit – Härringer illustrierte bereits als Schüler mehrere Lehrbücher, die sein damaliger Englisch- und Gemeinschaftskundelehrer verfasst hatte.

Tore entscheiden ein Spiel. Mit den 123 Fragen in diesem Buch können auch Sie Tore schießen und feststellen, wie vertraut Sie mit der Geschichte der deutschen Nationalmannschaft sind. Für das Quiz brauchen Sie weder eine vollständige Mannschaft noch einen Schiedsrichter. Sie können allein, zu zweit, zu dritt oder mit mehreren Personen raten. Günther Misenta und Christoph Härringer wünschen Ihnen dabei viel Spaß und viele Treffer.

Weltmeister in Brasilien 2014

Mario Götzes Tor, das Deutschland in Brasilien zum Weltmeister machte, gilt als kleines Kunstwerk. Mario Götze schuf es in der schnelllebigen Fußballwelt in wenigen Sekunden, doch es dürfte unvergessen bleiben. Nie zuvor hatte ein Einwechselspieler eine Weltmeisterschaft entschieden, zumal auf solch ästhetische Weise. Erinnern Sie sich mit diesen Quiz-Fragen an die unvergesslichen Wochen in Brasilien.

Fragen

1 Was haben Helmut Rahn, Gerd Müller, Andreas Brehme und Mario Götze gemeinsam?

2 Welcher Bundespräsident gratulierte der WM-Mannschaft unmittelbar nach dem Sieg über Argentinien in der Kabine?

a) Theodor Heuss
b) Joachim Gauck
c) Horst Köhler

3 Was bedeuten die vier Sterne auf dem Trikot der deutschen Fußballnationalmannschaft?

a) die vier Himmelsrichtungen
b) einen viermaligen Sieg bei einer WM
c) die vier Elemente: Feuer, Wasser, Luft und Erde

4 Warum erhielt die deutsche Fußballnationalmannschaft 1974 einen anderen Pokal als 1954?

Antworten

1 Alle vier Spieler schossen das entscheidende Tor in einem WM-Finale: Rahn 1954 in Bern, Müller 1974 in München, Brehme 1990 in Rom und Götze 2014 in Rio de Janeiro.

2 Antwort b: Joachim Gauck, zusammen mit der Bundeskanzlerin Angela Merkel

3 Antwort b: den viermaligen Sieg bei einer WM (1954, 1974, 1990 und 2014)

4 Die Coupe Jules Rimet, der nach dem 1921–1954 amtierenden französischen FIFA-Präsidenten benannte Weltpokal, ging nach der WM 1970 in Mexiko mit dem dritten Titelgewinn der Brasilianer endgültig in deren Besitz über. Der Weltverband FIFA stiftete für die zukünftigen Weltmeisterschaften einen neuen Pokal. Zwei triumphierende Fußballspieler halten die Weltkugel in ihren ausgestreckten Händen. Der Pokal bleibt seither im Eigentum der FIFA und kann im Gegensatz zu früher nicht dauerhaft von einem Land in Besitz genommen werden.

5 Im WM-Finale gegen Argentinien 2014 begann Deutschland mit diesen elf Spielern: Manuel Neuer, Christoph Kramer, Philipp Lahm, Mats Hummels, Benedikt Höwedes, Toni Kroos, Thomas Müller, Miroslav Klose, Bastian Schweinsteiger, Mesut Özil, Jérôme Boateng. Wer wurde später eingewechselt?

6 Wie alt war Philipp Lahm, der Kapitän der deutschen Nationalmannschaft, als er wenige Tage nach dem Erringen der Weltmeisterschaft 2014 unerwartet seinen Rücktritt erklärte?

a) 28 Jahre
b) 30 Jahre
c) 34 Jahre

7 Welcher Spieler von Borussia Dortmund musste kurz vor Beginn der WM 2014 aufgrund einer Verletzung auf seine Teilnahme verzichten?

a) Marco Reus
b) Roman Weidenfeller
c) Kevin Großkreutz

5 André Schürrle in der 31. Minute für Christoph Kramer, Mario Götze in der 88. Minute für Miroslav Klose und Per Mertesacker in der 120. Minute für Mesut Özil.

6 Antwort b: 30 Jahre. Philipp Lahms Karriere in der Nationalmannschaft begann 2004; von 2010 bis 2014 war er ihr Spielführer. Lahm war vielseitig einsetzbar: als rechter oder linker Außenverteidiger und im defensiven Mittelfeld. In 113 Länderspielen erzielte er fünf Tore.

7 Antwort a: Marco Reus. Im letzten Testspiel vor der WM gegen Armenien verletzte er sich am Sprunggelenk und fiel für die WM aus. Nach dem gewonnenen Finale zog sich Mario Götze das Trikot seines verletzten Freundes über – eine nette Geste.

Fragen

8 Gleich zwei technische Hilfsmittel hatten in Brasilien ihre WM-Premiere. Welche?

9 Im deutschen WM-Kader 2014 standen sieben Spieler des FC Bayern München. Nennen Sie drei.

10 Wer überreichte am 13. Juli 2014 dem deutschen Kapitän den WM-Pokal?

11 Über das Singen oder Nicht-Singen der deutschen Nationalhymne einzelner Spieler wird immer wieder diskutiert. Welche Spieler sangen die Hymne vor dem WM-Finale 2014 nicht?

a) Neuer, Özil, Boateng
b) Kramer, Schweinsteiger, Khedira
c) Özil, Boateng, Khedira

8 Torkameras, die anzeigen, ob der Ball die Linie in vollem Umfang überquert, und das Schiedsrichter-Spray, das den Abstand der Mauer bei Freistößen markiert

9 Jérôme Boateng, Mario Götze, Toni Kroos, Philipp Lahm, Thomas Müller, Manuel Neuer, Bastian Schweinsteiger

10 Dilma Rousseff, die brasilianische Staatspräsidentin. 1954 hatte Fritz Walter den Pokal aus den Händen von Jules Rimet erhalten, dem Begründer der Fußball-Weltmeisterschaft. 26 Jahre lang war er Präsident des französischen Fußballverbandes und von 1921 bis 1954 Präsident der FIFA.

11 Antwort c: Özil, Boateng, Khedira.

Fragen 15

12 Welche Auszeichnung erhielt Manuel Neuer, der Torhüter der deutschen Nationalmannschaft, nach dem WM-Finale 2014?

13 Wie viele Zuschauer verfolgten in Deutschland das WM-Finale im Fernsehen?

a) 34 Millionen
b) 45 Millionen
c) 53 Millionen

14 Welcher Schütze eines „Golden Goal" ist heute Manager der deutschen Fußballnationalmannschaft?

15 Welchen dieser klangvollen Namen trug der offizielle Spielball der WM 2014?

a) Jabulani
b) Brazuca
c) Fevernova

12 Den Goldenen Handschuh. Er wurde damit als bester Torhüter des Turniers ausgezeichnet. Seine außerordentlichen Fähigkeiten zeigten sich vor allem in den Spielen gegen Algerien und Frankreich, in denen er wie ein Libero agierte.

13 Antwort a: 34 Millionen (genauer gesagt über 34,65 Millionen). Das WM-Finale 2014 ist somit die meistgesehene Fernsehsendung seit Beginn der Reichweitenmessung im deutschen Fernsehen. Weltweit wird die Zahl der Zuschauer auf 410 Millionen geschätzt.

14 Oliver Bierhoff. Beim EM-Finale 1996 gegen Tschechien war er beim Stand von 0:1 in der 69. Minute eingewechselt worden und erzielte wenig später per Kopf den Ausgleichstreffer. In der Verlängerung schoss er mit dem „Golden Goal" Deutschland zum Titel.
Seit 2004 ist er Teammanager der Nationalmannschaft.

15 Antwort b: Brazuca. Über eine Million Fußballfans in Brasilien hatten sich für diesen Namen entschieden, der für „Emotionen, Stolz und Herzlichkeit" stehen soll. Der Ball wiegt 437 Gramm und hat einen Umfang von 69 Zentimetern.

Wie hoch war die Siegprämie, die der DFB allen Spielern des WM-Kaders 2014 auszahlte?

a) 300 000 Euro
b) 200 000 Euro
c) 100 000 Euro

 Wie viele Mannschaften nahmen an der Endrunde der WM 2014 teil?

a) 24
b) 32
c) 36

 Wer war nach Portugal und den USA der dritte Gegner Deutschlands in der Gruppe G bei der WM 2014?

 Welche drei Spieler der Weltmeistermannschaft von 2014 erklärten kurz nach dem Titelgewinn ihren Rücktritt?

a) Philipp Lahm, Miroslav Klose, Lukas Podolski
b) Miroslav Klose, Sami Khedira, Philipp Lahm
c) Philipp Lahm, Miroslav Klose, Per Mertesacker

16 Antwort a: 300 000 Euro. Für den Sieg 1954 hatten die Spieler 2500 DM (1280 Euro) erhalten, 1974 bekamen sie 70 000 DM (35 900 Euro) und einen VW-Käfer und 1990 wurden 145 000 DM (74 360 Euro) ausgezahlt.

17 Antwort b: 32. In der Qualifikationsrunde hatten zuvor 204 Mannschaften aus den sechs Kontinentalverbänden der FIFA drei Jahre lang um die 31 freien Plätze gekämpft (der Gastgeber ist jeweils gesetzt).

18 Ghana. Das Spiel Deutschland – Ghana endete mit einem 2:2-Unentschieden. Mario Götze und Miroslav Klose schossen die Tore für das deutsche Team, das zwischenzeitlich sogar im Rückstand gelegen hatte.

19 Antwort c: Philipp Lahm, Miroslav Klose, Per Mertesacker

20 Wie hieß der Assistent von Bundestrainer Jogi Löw bei der WM 2014 in Brasilien?

a) Hansi Flick
b) Thomas Schneider
c) Oliver Bierhoff

21 Welcher Spieler ist der Nachfolger von Philipp Lahm als Kapitän der Nationalmannschaft?

a) Mats Hummels
b) Bastian Schweinsteiger
c) Manuel Neuer

22 Wie hoch war das Budget des DFB für das WM-Turnier in Brasilien?

a) ca. 15 Millionen Euro
b) ca. 18,4 Millionen Euro
c) ca. 22 Millionen Euro

23 Wer ist der „wahre" Gewinner der WM 2014?

20 Antwort a: Hansi Flick. Hans-Dieter Flick war acht Jahre und 110 Spiele lang Löws Co-Trainer. Er war der entscheidende Mann bei der Analyse des Gegners, wertete die Beobachtungen der Scouts aus und stellte für Löw die wichtigsten Informationen zusammen.
Seit September 2014 ist er DFB-Sportdirektor und somit Löws neuer Chef.

21 Antwort b: Bastian Schweinsteiger. Jogi Löw schwärmt in höchsten Tönen über „Schweini": „Bastian ist ein absoluter Leader, er hat immer für die Nationalmannschaft Verantwortung übernommen, auf und neben dem Platz. Ich konnte mich in den letzten Jahren immer auf ihn verlassen. Ich vertraue ihm absolut."

22 Antwort c: ca. 22 Millionen Euro. Damit war die WM in Brasilien das bisher teuerste Turnier. Doch es hat sich gelohnt: Der DFB erhielt von der FIFA eine Siegprämie von insgesamt 25,7 Millionen Euro.

23 Die FIFA. Ihre Gesamteinnahmen belaufen sich auf umgerechnet 3,3 Milliarden Euro. Davon wurden 425 Millionen Euro als WM-Prämien ausgezahlt.

Fragen

24 Jogi Löw war nie Nationalspieler und auch als Vereinstrainer nicht immer erfolgreich, dennoch führte er das deutsche Team 2014 zum vierten WM-Titel. Kennen Sie drei seiner Stationen als Vereinstrainer?

25 Wo begann Jogi Löws Profikarriere als Fußballspieler?

a) beim FC Basel
b) beim VfB Stuttgart
c) beim SC Freiburg

26 Wer waren die vier deutschen Trainer, die mit verschiedenen Nationalteams an der WM 2014 in Brasilien teilnahmen?

a) Jürgen Klinsmann, Jogi Löw, Jupp Heynckes, Volker Finke
b) Jürgen Klinsmann, Jogi Löw, Jürgen Klopp, Volker Finke
c) Ottmar Hitzfeld, Jogi Löw, Volker Finke, Jürgen Klinsmann

24 1994 FC Winterthur Jugend, 1994–1995 FC Frauenfeld (Spielertrainer), 1995–1996 VfB Stuttgart (Co-Trainer), 1996–1998 VfB Stuttgart, 1998–1999 Fenerbahçe Istanbul, 1999–2000 Karlsruher SC, 2000–2001 Adanaspor (Türkei), 2001–2002 FC Tirol Innsbruck, 2003–2004 FK Austria Wien

25 Antwort c: beim SC Freiburg. Nachdem er für den TuS Schönau und später für den FC Schönau gespielt hatte, wo man sein Talent schon früh erkannte, wechselte er zu den Sportfreunden Eintracht Freiburg. 1978 kam er als Profi zum SC Freiburg, der in diesem Jahr erstmals in die 2. Bundesliga aufgestiegen war.

26 Antwort c: Ottmar Hitzfeld mit der Schweiz, Jogi Löw mit Deutschland, Volker Finke mit Kamerun und Jürgen Klinsmann mit den USA.

Hier muss geschätzt werden.
Wie viele Gelbe Karten wurden bei der WM
in Brasilien gezeigt?

a) 134
b) 165
c) 181

 Von wem kam die Flanke, die Mario Götze
im WM-Finale in der 113. Minute aufnahm und
zum 1:0-Siegtor über Argentinien verwandelte?

a) von Philipp Lahm
b) von Thomas Müller
c) von André Schürrle

Welches war nach Meinung der Nutzer
der Website „FIFA.com" das schönste Tor der
WM 2014?

27 Antwort c: 181. Pro Spiel waren das genau 2,83 Gelbe Karten. Die Schiedsrichter zückten zudem siebenmal die Rote Karte.

28 Antwort c: von André Schürrle. Götze stoppte den Flankenball mit der Brust, holte mit dem linken Bein zum Schuss aus und hämmerte den Ball, bevor er den Rasen berührte, im Fallen ins Netz. Der argentinische Torwart Sergio Romero hatte keine Chance.

29 Der Volleyschuss des Kolumbianers James Rodríguez im Viertelfinale gegen Uruguay. Er hatte den Ball mit der Brust angenommen und aus etwa 20 Metern Entfernung über den chancenlosen Torhüter hinweg ins Tor gewuchtet. Rodríguez wurde auch mit sechs Treffern Torschützenkönig der WM und wechselte danach für 80 Millionen Euro zu Real Madrid.

30 Jogi Löw ist als Nationaltrainer in aller Munde. Kennen Sie drei weitere Nationaltrainer der WM-Viertelfinalteilnehmer 2014?

31 Wie hieß das WM-Quartier der deutschen Nationalmannschaft?

32 Wer wurde bei der WM 2014 als bester Spieler mit dem Goldenen Ball ausgezeichnet?

a) Cristiano Ronaldo
b) Lionel Messi
c) Thomas Müller

33 Was hat der Name „Fuleco" mit der Weltmeisterschaft 2014 zu tun?

a) Spitzname der brasilianischen Nationalmannschaft
b) Name des Stadions von Rio de Janeiro
c) Name des WM-Maskottchens

30 Didier Deschamps (Frankreich), Luis Felipe Scolari (Brasilien), José Pekerman (Kolumbien), Alejandro Sabella (Argentinien), Marc Wilmots (Belgien), Louis van Gaal (Niederlande), Jorge Luis Pinto (Costa Rica)

31 Campo Bahia. Die weitläufige Hotelanlage wurde in der Provinz Bahia an der Atlantikküste neu errichtet. Manager Oliver Bierhoff führte als Gründe für die Wahl dieses Ortes den Trainingsplatz in Sichtweite, den nahe gelegenen Flughafen, vor allem aber die Tatsache an, dass die Anlage in der gleichen Klimazone liegt wie die Orte der Vorrundenspiele der deutschen Mannschaft.

32 Antwort b: Lionel Messi. Der Argentinier erwies sich zwar als hervorragender Dribbelkünstler, aber die Entscheidung der FIFA wurde kritisiert. Arjen Robben, James Rodríguez oder Thomas Müller hätten die Auszeichnung wohl eher verdient.

33 Antwort c: Name des WM-Maskottchens. Die Figur mit gelbem Fell und blauem Panzer stellt ein brasilianisches Gürteltier aus dem Nordosten des Landes dar. Der Name „Fuelco" setzt sich aus den Wörtern futebol (Fußball) und ecologia (Ökologie) zusammen. Die FIFA, die eine Million Stoff-Fulecos herstellen ließ, wollte damit zum Schutz der Natur und der Umwelt aufrufen.

Weltmeister 2014 – Europameister 2016 ?

Europameisterschaften stehen im Schatten von Weltmeisterschaften, dennoch richten sich in Deutschland begehrliche Blicke auf die EM 2016 in Frankreich. Kann Jogi Löw nach dem WM- auch den EM-Titel holen? „On verra" (man wird sehen), sagen die Franzosen, denen dieses Kunststück 1998/2000 gelang. Sie können sich bis dahin mit einigen Fragen zur EM warmlaufen. Viel Erfolg dabei !

Fragen

① **Wie oft wurde die deutsche Nationalmannschaft bisher Europameister?**

a) zweimal
b) dreimal
c) viermal

② **Die Endrunde der 15. Europameisterschaft 2016 startet mit einer Rekord-Teilnehmerzahl. Wie viele Mannschaften reisen nach Frankreich?**

a) 16
b) 24
c) 32

③ **Europameisterschaften werden seit 1960 ausgetragen. Deutschland war bei den ersten beiden Turnieren jedoch nicht am Start. Warum?**

a) Das deutsche Team konnte sich nicht qualifizieren
b) Die Bundesrepublik Deutschland wollte ein Zusammentreffen mit der DDR-Auswahl vermeiden
c) Der damalige Bundestrainer Sepp Herberger hielt das Turnier für reine Zeitverschwendung

1 Antwort b: dreimal. 1972 in Belgien, 1980 in Italien und 1996 in England

2 Antwort b: 24. Genau genommen 23, da der bereits qualifizierte Gastgeber ja nicht anreisen muss.
Der Spielplan sieht sechs Gruppen mit je vier Teams vor. Für das Achtelfinale qualifizieren sich die Gruppenersten und -zweiten sowie die vier besten Gruppendritten. Danach wird im K.o.-System weitergespielt. Wegen der höheren Anzahl der Spiele wurde die Turnierdauer von drei auf vier Wochen verlängert.

3 Antwort c: Der damalige Bundestrainer Sepp Herberger hielt das Turnier für reine Zeitverschwendung und wollte die Zeit lieber für die Vorbereitung auf die WM 1962 in Chile und 1966 in England nutzen. Der DFB war gleicher Meinung und verzichtete auf eine Meldung seines Teams.

4

Als Deutschland 1996 das EM-Finale im Londoner Wembley-Stadion mit 2:1 Toren gegen Tschechien gewann, standen folgende Spieler auf dem Feld: Matthias Sammer, Markus Babbel, Christian Ziege, Thomas Helmer, Dieter Eilts (46. Marco Bode), Thomas Strunz, Thomas Häßler, Mehmet Scholl (69. Oliver Bierhoff), Stefan Kuntz, Jürgen Klinsmann. Wer war der Torhüter?

a) Andreas Köpke
b) Eike Immel
c) Sepp Maier

5

Bei der Aufzählung der zehn französischen Spielorte hat sich ein Fehler eingeschlichen. Welche Stadt zählt bei der Europameisterschaft 2016 nicht zu den Austragungsorten?

Lens, Lille, Lyon, Genf, Marseille, Nizza, Paris, Saint-Denis, Saint-Étienne, Toulouse

4 Antwort a: Andreas Köpke. Er wurde 1996 sowohl zum besten Torhüter der EM als auch zum Welttorhüter gewählt. Von 1990 bis 1998 hütete er 59-mal das Tor der Nationalmannschaft und seit 2004 ist er ihr Torwarttrainer.

5 Genf (liegt in der Schweiz).
In der Aufzählung fehlte Bordeaux.

6 Welche Mannschaften kämpfen aktuell mit Deutschland um den Sieg in der EM-Qualifikationsgruppe D?

a) Polen, Irland, Wales, Georgien, Gibraltar
b) Polen, Irland, Schottland, Georgien, Malta
c) Polen, Irland, Schottland, Georgien, Gibraltar

7 Wie hieß der Trainer, mit dem Deutschland zuletzt Europameister wurde?

a) Franz Beckenbauer
b) Berti Vogts
c) Jupp Derwall

8 Als die DFB-Auswahl 1972 in Belgien mit einem 3:0-Sieg über die UdSSR erstmals Europameister wurde, standen sechs Spieler des FC Bayern München auf dem Platz. Können Sie sich an mindestens drei erinnern?

6   Antwort c: Polen, Irland, Schottland, Georgien, Gibraltar

7   Antwort b: Berti Vogts. Er trainierte die deutsche Nationalmannschaft von 1990 bis 1998 und danach die Teams von Kuwait, Schottland, Nigeria und Aserbaidschan. Der EM-Titel 1996 war sein größter Erfolg als Trainer; als Spieler war er bereits 1972 Europa- und 1974 Weltmeister geworden.

8   Sepp Maier, Franz Beckenbauer, Hans-Georg „Katsche" Schwarzenbeck, Paul Breitner, Uli Hoeneß, Gerd Müller. Die restlichen Spieler waren:
Horst-Dieter Höttges (Werder Bremen), Günter Netzer, Herbert Wimmer, Jupp Heynckes (alle Borussia Mönchengladbach), Erwin Kremers (FC Schalke 04).

Fragen

9 1980 wurde er in Italien mit der deutschen Mannschaft Europameister und war mit drei Treffern Torschützenkönig des Turniers.
Heute ist er ein erfolgreicher Manager.
Wer ist gemeint?

a) Felix Magath
b) Klaus Allofs
c) Bernd Schuster

10 Für die Europameisterschaft 1968 in Italien konnte sich die deutsche Mannschaft nicht qualifizieren. Welcher Fußball-Zwerg verhinderte damals die Teilnahme?

a) Gibraltar
b) Albanien
c) San Marino

11 Bei den Europameisterschaften 2000 und 2004 kam die deutsche Mannschaft nicht über die Vorrunde hinaus. Dennoch glänzte ein Deutscher beim Turnier 2004 ganz besonders. Wer?

9   Antwort b: Klaus Allofs. Von 1978 bis 1988 spielte er 56-mal in der Nationalmannschaft und erzielte 17 Tore. Nach Beendigung seiner Spielerkarriere und einer langjährigen Tätigkeit in der Vereinsführung des SV Werder Bremen wechselte er 2012 zum VfL Wolfsburg.

10 Antwort b: Albanien. Im alles entscheidenden Qualifikationsspiel kam das deutsche Team in Tirana nicht über ein 0:0-Unentschieden hinaus.

11 Otto Rehhagel. Die von ihm trainierte griechische Nationalmannschaft wurde in Portugal sensationell Europameister und die Griechen verliehen ihm den Ehrentitel „Rehakles", in Anlehnung an Herakles, den Sohn des Zeus und der Alkmene, der in der griechischen Mythologie für seine Heldentaten bestimmt ist.

Fragen

12 Die Coupe Jules Rimet war der Pokal, den Fritz Walter beim „Wunder von Bern" überreicht bekam. Welchen Pokal erhält der Europameister?

13 Wofür steht die Abkürzung UEFA?

14 Welcher europäische Spieler wurde einige Jahre nach Beendigung seiner Spielerkarriere zum Vorsitzenden der UEFA gewählt?

a) Luis Figo
b) Michel Platini
c) Zinédine Zidane

12 Die Coupe Henri Delaunay. Die seit 1960 verliehene versilberte Gewinntrophäe der Fußball-Europameisterschaft ist nach dem ersten UEFA-Generalsekretär und „geistigen Vater" des Turniers benannt. Zur EM 2008 wurde der Pokal leicht verändert, er ist jetzt etwas größer und hat keinen Marmorsockel mehr.

13 Für die „Union of European Football Associations", oder französisch „Union des Associations Européennes de Football". Sie ist eine der sechs Kontinental-Konföderationen der FIFA und setzt sich aus 54 nationalen Verbänden einzelner Länder und Gebiete zusammen. Die UEFA wurde 1954 in Basel gegründet und hat ihren Sitz seit 1995 in Nyon, Schweiz.

14 Antwort b: Michel Platini. Der offensive Mittelfeldspieler war einer der Besten seiner Generation und wurde dreimal (1983, 1984, 1985) zu Europas „Fußballer des Jahres" gewählt. Seit 2007 ist er Präsident der UEFA.

Das Wunder von Bern 1954

Als Wunder bezeichnet man umgangssprachlich ein Ereignis, dessen Zustandekommen sich nicht erklären lässt. Es widerspricht jeglicher menschlicher Vernunft und Erfahrung und löst allgemeine Verwunderung und Erstaunen aus. Genau dies geschah 1954 in Bern. Rufen Sie sich dieses Wunder mit den folgenden Fragen und Antworten in die Erinnerung zurück.

Fragen

1 „... Aus! Aus! Aus! – Aus! – Das Spiel ist aus! Deutschland ist Weltmeister ...!" Welches Spiel kommentierte der Radioreporter Herbert Zimmermann mit diesen Worten?

2 Welcher Spieler der siegreichen Mannschaft bei der WM 1954 in der Schweiz wurde „der Boss" genannt?

a) Helmut Rahn
b) Fritz Walter
c) Max Morlock

3 Griechen und Römer hatten zu ihrer Zeit viele Götter. 1954 in Bern gab es nur einen Fußballgott. Wer wurde von einem Reporter so genannt?

1 Das Endspiel der Fußball-Weltmeisterschaft am 4. Juli 1954 in Bern. Die deutsche Mannschaft besiegte Ungarn mit 3:2 Toren. Helmut Rahns Siegtor fiel sechs Minuten vor Ende der regulären Spielzeit nach einer Vorlage von Hans Schäfer.

2 Antwort a: Helmut Rahn. Er war ein mitreißender Führungsspieler, der von 1951 bis 1960 in 40 Spielen für Deutschland 21-mal traf. Herbert Zimmermann kommentierte die Entwicklung zum 3:2 in Bern mit den Worten: „Schäfer, nach innen geflankt, Kopfball abgewehrt, aus dem Hintergrund müsste Rahn schießen, Rahn schießt! Tor! Tor! Tor! Tor! Tor für Deutschland!"

3 Toni Turek. Der deutsche Torwart war mit 35 Jahren der älteste Spieler des Turniers und brachte mit seinen Paraden in der zweiten Halbzeit des Endspiels die ungarischen Stürmer zur Verzweiflung. Der Hörfunkreporter Herbert Zimmermann kommentierte damals: „Turek, du bist ein Teufelskerl! Turek, du bist ein Fußballgott!" Öffentliche Proteste, insbesondere von Kirchenvertretern, führten dazu, dass Zimmermanns Ausruf „Fußballgott" in den Tonbändern des Norddeutschen Rundfunks gelöscht werden musste.

Fragen

4 Von Sepp Herberger, dem ersten Bundestrainer nach 1945 und „Vater des Wunders von Bern", sind viele Sprüche und Weisheiten überliefert. Welche sind die bekanntesten?

5 Wie hieß der Spielführer der Weltmeistermannschaft von 1954?

6 Was nennt man „Fritz-Walter-Wetter"?

a) Regen bei niedrigen Temperaturen
b) Sonnenschein
c) heißes Sommerwetter

7 Wie hieß der Kapitän der ungarischen Mannschaft, die 1954 gegen Deutschland mit 3:2 verlor?

4 „Der Ball ist rund". „Das nächste Spiel ist immer das schwerste." „Das Spiel dauert 90 Minuten." „Nach dem Spiel ist vor dem Spiel."

5 Fritz Walter. 30 Jahre lang spielte er für den 1. FC Kaiserslautern und wurde mit ihm zweimal Deutscher Meister (1951 und 1953). 61-mal trug er das Trikot der Nationalmannschaft und schoss 33 Tore. Danach wurde er als erster Spieler zum Ehrenspielführer der Nationalelf ernannt.

6 Antwort a: Regen bei niedrigen Temperaturen. Fritz Walter zog regnerisches Wetter beim Spielen vor. Da er im Zweiten Weltkrieg an Malaria erkrankt war, fiel es ihm schwer, bei Hitze zu spielen. Bei schwerem, feuchtem Boden konnte er seine Technik besonders gut entfalten. Beim Sieg über Ungarn 1954 herrschte das sogenannte Fritz-Walter-Wetter.

7 Ferenc Puskás. Er war von 1950 bis 1954 Spielführer der Mannschaft, die in 31 Spielen hintereinander ungeschlagen geblieben war und 1953 England in Wembley mit 6:3 bezwang. Puskás floh nach dem fehlgeschlagenen Volksaufstand 1956 aus Ungarn und spielte ab 1958 für Real Madrid.

Fragen

8 Wer wurde „Schuster der Nation" genannt?

9 1954 kamen fünf Spieler der deutschen WM-Mannschaft vom 1. FC Kaiserslautern. Können Sie sich an drei erinnern?

10 Wer war bei der Fußball-Weltmeisterschaft 1954 zusammen mit der Türkei, Südkorea und Deutschland in der Gruppe 2?

a) Österreich
b) Jugoslawien
c) Ungarn

11 Zu der Weltmeister-Elf von 1954 gehörten: Toni Turek, Jupp Posipal, Werner Kohlmeyer, Werner Liebrich, Karl Mai, Helmut Rahn, Max Morlock, Ottmar Walter, Fritz Walter, Hans Schäfer. Welcher Spieler fehlt?

8   Adolf Dassler. Der Gründer des Weltunternehmens adidas stattete 1954 die deutsche Nationalmannschaft, deren Zeugwart er war, erstmals mit Schraubstollen aus und verschaffte ihr damit Vorteile bei schwerem, nassem Boden.

9   Fritz und Ottmar Walter, Werner Liebrich, Horst Eckel und Werner Kohlmeyer

10 Antwort c: Ungarn. Nach dem 4:1-Sieg gegen die Türkei bot Sepp Herberger beim abschließenden Gruppenspiel gegen den hohen Favoriten Ungarn nur die zweite Garnitur auf. Er rechnete bei einer absehbaren Niederlage mit einem zusätzlichen Entscheidungsspiel gegen die Türkei um Platz zwei. Und so kam es auch: Deutschland verlor gegen Ungarn mit 3:8, die Türken besiegten Südkorea mit 7:0, und im zweiten Spiel gegen die Türken setzte sich Deutschland mit 7:2 durch.

11 Horst Eckel. Der Außenläufer war für Fritz Walter unersetzbar, weil sich die beiden auf dem Spielfeld blind verstanden. Als damals jüngster Spieler der Mannschaft hieß er nur „Benjamin". Da er extrem laufstark und schlaksig war, nannte man ihn auch „Windhund". Der Kaiserslauterer ist der letzte noch lebende Spieler des 1954er-Weltmeisterteams.

12 2014 wurde Deutschland im Maracanã-Stadion von Rio de Janeiro zum vierten Mal Weltmeister. Wie hieß der Schauplatz des ersten Erfolges?

13 Nicht alle Spieler der WM-Mannschaft von 1954 profitierten vom unerwarteten Sieg. Wessen Schicksal ist besonders traurig?

14 Wer stand 1954 bei der 3:8-Niederlage im Gruppenspiel gegen Ungarn im Tor der deutschen Mannschaft?

a) Toni Turek
b) Hans Tilkowski
c) Heinrich Kwiatkowski

12 Wankdorf-Stadion in Bern. Es fasste damals 62 500 Zuschauer, wurde aber im August 2001 abgerissen und durch das 2005 fertiggestellte „Stade de Suisse" ersetzt.

13 Werner Kohlmeyers Lebensende. Der hervorragende Abwehrspieler der Nationalmannschaft und des 1. FC Kaiserslautern starb 1974 verarmt mit nur 49 Jahren. Der gelernte Buchhalter verlor nach der Weltmeisterschaft nicht nur sein Haus, sondern auch seinen Arbeitsplatz. Er war zum Alkoholiker geworden, seine Frau ließ sich von ihm scheiden und der Kontakt zu seinen drei Kindern brach ab. Zuletzt arbeitete er als Pförtner bei einem Mainzer Zeitungsverlag und lebte mit seiner Mutter in einer Sozialwohnung.

14 Antwort c: Heinrich Kwiatkowski. Da Sepp Herberger die zweite Garnitur aufs Feld schickte, musste Heini „Fausten" Kwiatkowski in seinem allerersten Länderspiel gleich achtmal hinter sich greifen. Im Verein war er erfolgreicher: 1956, 1957 und 1963 wurde er mit Borussia Dortmund Deutscher Meister.

Fragen

15 Warum unterbrach das Schweizer Fernsehen 1954 plötzlich die Übertragung mit den Bildern der feiernden deutschen Zuschauer nach dem Sieg über die Ungarn und sendete stattdessen ein Testbild?

16 Seit Franz Beckenbauer im dunklen Anzug und Krawatte am Spielfeldrand stand, folgten viele Trainer seinem Beispiel. Was trug Sepp Herberger beim regnerischen WM-Finale 1954 im Berner Wankdorf-Stadion?

15 Deutsche Schlachtenbummler begannen, die erste Strophe des Deutschlandliedes, „Deutschland, Deutschland über alles", zu singen. Ob dies bewusst geschah, ist umstritten. Vielleicht kannten sie einfach den Text der dritten Strophe nicht, auf deren alleinige Verwendung man sich bei der Wiedereinführung des Liedes als Nationalhymne 1952 geeinigt hatte. Dieses Verhalten sorgte jedenfalls für ein Stirnrunzeln nicht nur in Europa. Seit 1991 besteht die deutsche Nationalhymne ausschließlich aus der dritten Strophe des Deutschlandliedes von August Heinrich Hoffmann von Fallersleben.

---

16 Einen langen beigefarbenen Trenchcoat über seinem üblichen dunkelblauen Trainingsanzug mit DFB-Emblem.

1974 Deutschland – Weltmeister im eigenen Land

Von wegen „Bumm machen" und „krachen lassen", nein, „müllern" hieß es bei dieser WM im eigenen Land. Gerd Müller schoss seine Tore schon immer aus allen denkbaren Lagen, im Laufen, Stehen, Springen, Liegen, Fallen oder sogar auf dem Hosenboden sitzend. Lassen Sie es bei diesen Fragen auch ein bisschen krachen.

❶ Welche Nationalmannschaft besiegte Deutschland im Finale der Weltmeisterschaft 1974?

a) Argentinien
b) Brasilien
c) Niederlande

❷ Wie endete das einzige jemals ausgetragene Länderspiel zwischen der DDR und der Bundesrepublik Deutschland bei der Weltmeisterschaft 1974?

❸ Welches Spiel der Weltmeisterschaft 1974 ging als „Wasserschlacht von Frankfurt" in die Fußballgeschichte ein?

Antworten

1. Antwort c: die Niederlande. Das Oranje-Team ging zwar schon nach 53 Sekunden durch ein Elfmetertor in Führung, aber ein durch Paul Breitner verwandelter Elfmeter in der 25. Minute brachte den Ausgleich und Gerd Müller schoss das deutsche Siegtor zum 2:1 kurz vor dem Ende der ersten Halbzeit.

2. Mit einem 1:0 für die DDR-Mannschaft. Torschütze im Hamburger Volksparkstadion war am 22. Juni 1974 der Magdeburger Jürgen Sparwasser. Die Stars aus dem Westen hatten die Spieler aus dem Osten nicht ernst genug genommen. Die Blamage war perfekt. Die Niederlage soll zu einer hitzigen Aussprache der bundesdeutschen Spieler in der Sportschule Malente geführt haben, in der das Team laut ihrem Kapitän Franz Beckenbauer „von einem zerstrittenen Haufen zu einer Einheit" wurde.

3. Das Halbfinale Deutschland gegen Polen am 3. Juli 1974 im Frankfurter Waldstadion. Ein Wolkenbruch vor Spielbeginn machte den Platz zunächst unbespielbar. Vergeblich versuchte die Feuerwehr, die Wassermassen vom Rasen zu walzen. Die Polen galten damals als die technisch bessere Elf, konnten aber unter diesen Bedingungen ihre Stärke nicht ausspielen. Gerd Müllers 1:0 brachte die Entscheidung und Deutschland ins Finale.

4 Hans-Georg Schwarzenbeck, der beinharte Vorstopper der Weltmeisterelf von 1974, wurde nach Beendigung seiner Spielerkarriere beim FC Bayern München weder Trainer noch Sportdirektor. Was tat er beruflich?

4 Hans-Georg Schwarzenbeck, Spitzname „Katsche",
war mit seinen Bayern-Kameraden Franz Beckenbauer, Gerd Müller, Paul Breitner und Uli Hoeneß 1974 Fußball-Weltmeister geworden. Mit dem FC Bayern München wurde er sechsmal Deutscher Meister, gewann den Europapokal der Pokalsieger sowie jeweils dreimal den Europapokal der Landesmeister und den DFB-Pokal.

Nach dem Karriereende 1980 stieg er ins Schreibwarengeschäft seiner Tanten im Münchner Stadtteil Au ein und stand die nächsten 28 Jahre jeden Werktag von 6 bis 12 und 13 bis 18 Uhr hinter dem Ladentisch. Die Bestellungen des Großkunden FC Bayern hielten ihn über Wasser. Inzwischen ist der Laden dicht, aber seinen Klub beliefert Schwarzenbeck auch weiterhin – er betreibt das Geschäft jetzt von zu Hause aus.

5 „Dann macht es Bumm, ja und dann kracht's und alles schreit: ..." Wie endet der Refrain des Songs des „Bombers der Nation"?

6 Wie heißt der Trainer, der 1974 mit der deutschen Mannschaft Weltmeister wurde?

a) Helmut Schön
b) Jupp Derwall
c) Erich Ribbeck

7 Wen besang Udo Jürgens in seinem Lied „Der Mann mit der Mütze"?

a) Sepp Herberger
b) Helmut Schön
c) Jupp Derwall

5 „… der Müller macht's." So sang Gerd Müller, der Mittelstürmer des FC Bayern München und der Nationalmannschaft schon vier Jahre vor der erfolgreichen WM 1974. Der Text der ersten Strophe lautet: „Jeden Samstag Nachmittag, ja da ist was los, immer wieder ist die Spannung riesengroß. Alle wollen Tore sehn, das ist sonnenklar, wenn es klappt, dann ist es wunderbar. Alle rufen laut im Chor: Müller vor, Müller vor. Ich pass auf und im Moment bin ich da, wenn's brennt. Dann macht es Bumm."

6 Antwort a: Helmut Schön. Er ist der bisher erfolgreichste deutsche Bundestrainer. Gleich bei seinem ersten Turnier als Chef 1966 in England erreichte er das Finale. 1970 in Mexiko wurde seine Mannschaft Dritter. Höhepunkte seiner Karriere waren der Gewinn der EM 1972 und der WM 1974.

7 Antwort b: Helmut Schön. Vor der WM 1978 in Argentinien widmete Udo Jürgens dem scheidenden Bundestrainer ein Lied auf seiner LP „Buenos Dias Argentina", das danach sogar als Single veröffentlicht wurde. Es endet mit: „Der Mann mit der Mütze geht nach Haus. Die lange Zeit des Langen, sie ist aus. Der Mann mit der Mütze geht nach Haus! Und uns're Achtung nimmt er mit und unseren Applaus!"

Welches Mitglied der Weltmeistermannschaft von 1974 war 1998 nach dem Rücktritt von Berti Vogts für nur 17 Stunden Bundestrainer?

a) Andreas Brehme
b) Paul Breitner
c) Klaus Augenthaler

Antwort b: Paul Breitner. Der damalige DFB-Präsident Egidius Braun hatte ihm das Angebot gemacht.

Warum er dann doch nicht Bundestrainer wurde, wird unterschiedlich erklärt. Laut Braun soll er seine Zusage zurückgezogen haben, weil Breitner das vereinbarte Stillschweigen über das Vorhaben nicht eingehalten habe. Wahrscheinlicher ist jedoch, dass Braun in der Zwischenzeit von verschiedenen Personen über Breitners kritische Äußerungen über den DFB informiert worden war.

Rom 1990 – der dritte Triumph

Elfmetertore ebneten den Finalisten Argentinien und Deutschland den Weg ins Endspiel. Beide Mannschaften siegten 4:3 im Halbfinale nach einem Elfmeterschießen. Argentinien gewann gegen den Gastgeber Italien, Deutschland gegen England. Wer führte die Deutschen zum Triumph in Rom? Triumphieren auch Sie mit den richtigen Antworten auf unsere Quiz-Fragen!

Fragen

1 Wer verwandelte den entscheidenden Elfmeter im WM-Finale 1990?

a) Lothar Matthäus
b) Jürgen Kohler
c) Andreas Brehme

2 Wie viele Neuanmeldungen von jungen Fußballspielern bei Vereinen gab es 1990, nachdem die deutsche Nationalmannschaft zum dritten Mal Weltmeister geworden war?

a) 20 000
b) 50 000
c) 100 000

3 Was veranlasste Franz Beckenbauer 2014, die Gründung eines Sozialfonds für ehemalige Fußballer, die unverschuldet in finanzielle Not geraten sind, vorzuschlagen?

1 Antwort c: Andreas Brehme erzielte im Finale gegen Argentinien mit seinem Elfmetertor fünf Minuten vor Spielende den entscheidenden Treffer. Er ist der einzige Spieler, der je ein WM-Finale durch ein Elfmetertor in der regulären Spielzeit entschied. Brehme spielte in der Nationalmannschaft von 1984 bis 1994 und erzielte dabei acht Tore. Er nahm an den Weltmeisterschaften 1986, 1990 und 1994 teil.

2 Antwort c: 100 000. Auch nach Erringung des vierten WM-Titels 2014 erwartet der DFB einen beträchtlichen Mitgliederzuwachs bei seinen circa 27 000 Fußballvereinen.

3 Die finanziellen Probleme von Andreas Brehme, dem WM-Helden von 1990. Beckenbauer ist der Auffassung, der deutsche Fußball müsse ehemaligen Spielern wie Brehme helfen. „Er hat so viel für den deutschen Fußball getan. Da muss auch der Fußball für ihn einspringen."

4. Zwickende Fußballschuhe waren der Grund, warum Andreas Brehme mit seinem Elfmeterschuss Deutschland 1990 zum Weltmeister machte. Wessen Schuhe zwickten?

a) die von Lothar Matthäus
b) von Rudi Völler
c) von Klaus Augenthaler

5. Wer war bei der WM 1990 der bekannteste argentinische Spieler?

a) Diego Maradona
b) Luis Figo
c) Zinédine Zidane

4 Antwort a: die von Lothar Matthäus. In der Halbzeitpause des WM-Finales gegen Argentinien musste er seine Schuhe wechseln und mit nagelneuen adidas-Schuhen weiterspielen. Das Risiko beim Elfmeter war ihm zu groß. Mit den Worten: „Andy, den machst du jetzt rein!" übertrug er die Verantwortung auf Andreas Brehme.

5 Antwort a: Diego Maradona. Er nahm an vier Weltmeisterschaftsendrunden teil (1982, 1986, 1990, 1994) und wurde mit Argentinien 1986 Weltmeister. Von Oktober 2008 bis Juli 2010 war er Trainer der argentinischen Nationalmannschaft.

6 Welcher Spieler der deutschen WM-Mannschaft von 1990 wird immer noch „Auge" genannt?

7 Von wem stammt der Spruch über das WM-Finale 1990 „Damals hat die halbe Nation hinter dem Fernseher gestanden"?

a) Rudi Völler
b) Franz Beckenbauer
c) Lothar Matthäus

6 Klaus Augenthaler. Der Abwehrspieler des FC Bayern München wurde siebenmal Deutscher Meister. Er krönte seine Karriere mit dem WM-Titel 1990. Nach Abschluss seiner aktiven Zeit meinte er, ihm tue alles weh außer seinen „Ohrwatscheln".

7 Antwort b: Franz Beckenbauer. Weitere kaiserliche Bonmots sind: „Ja gut, es gibt nur eine Möglichkeit: Sieg, Unentschieden oder Niederlage" oder „Ja gut, am Ergebnis wird sich nicht mehr viel ändern, es sei denn, es schießt einer ein Tor".

Rund um die Nationalmannschaft

Beim Thema Nationalmannschaft könnte man bis ins Jahr 1898 zurückgehen, als die ersten inoffiziellen Länderspiele gegen französische und englische Auswahlmannschaften ausgetragen wurden. Sie werden aber vom DFB nicht als Länderspiele anerkannt und deshalb „Ur-Länderspiele" genannt. Erst im Jahr 1908, acht Jahre nach Gründung des Deutschen Fußball-Bundes, fand das erste offizielle Länderspiel statt. Die meisten unserer Fragen zur Nationalmannschaft beschäftigen sich aber mit Spielen und Spielern nach dem Zweiten Weltkrieg. Viel Spaß dabei!

Fragen

1 Bei der folgenden Aufzählung der Bundestrainer nach dem Zweiten Weltkrieg fehlen zwei Namen:
Sepp Herberger, Helmut Schön, Franz Beckenbauer, Berti Vogts, Rudi Völler, Jürgen Klinsmann, Joachim Löw. Welche Namen sind es?

2 Welche zwei Torhüter der Nationalmannschaft arbeiteten nach Beendigung ihrer Laufbahn als Torwarttrainer beim DFB?

a) Toni Turek und Bodo Illgner
b) Toni Schumacher und Oliver Kahn
c) Sepp Maier und Andreas Köpke

3 Wer betreut die Spieler der Nationalmannschaft medizinisch seit zwei Jahrzehnten?

1 Jupp Derwall und Erich Ribbeck. Die chronologische Reihenfolge ist: Sepp Herberger (1936–1942 und 1950–1964), Helmut Schön (1964–1978), Jupp Derwall (1978–1984), Franz Beckenbauer* (1984–1990), Berti Vogts (1990–1998), Erich Ribbeck (1998–2000), Rudi Völler (2000–2004), Jürgen Klinsmann (2004–2006), Joachim Löw (seit 2006).
*Franz Beckenbauer war genau genommen kein Bundestrainer, sondern „Teamchef", ein Posten, den der DFB für ihn erfand, da er keine Trainerlizenz besaß. Als „Bundestrainer" wurde ihm Holger Osieck zur Seite gestellt.

2 Antwort c: Sepp Maier und Andreas Köpke.
Sepp Maier (Weltmeister 1974) war Torwarttrainer der Nationalmannschaft von 1988 bis 2004. Sein Nachfolger ist Andreas Köpke (Europameister von 1996).

3 Dr. Hans-Wilhelm Müller-Wohlfahrt. Er ist Orthopäde und Sportmediziner, praktiziert seit 1977 in München und ist seitdem mit kurzen Unterbrechungen auch Vereinsarzt des FC Bayern München.

4

Zwei Spieler mit dem gleichen Nachnamen haben in der deutschen Nationalmannschaft Fußballgeschichte geschrieben.
Wie lauten ihre Vornamen?

a) Gerd und Thomas
b) Uwe und Kurt
c) Hans und Peter

5

Mit dem Titel „Ehrenspielführer" ehrt der DFB Nationalspieler für besondere Verdienste. Welcher Ehrenspielführer ist nie Weltmeister geworden: Fritz Walter, Uwe Seeler, Franz Beckenbauer oder Lothar Matthäus?

6

Wie oft konnte eine deutsche Nationalmannschaft bei einer Weltmeisterschaft gegen Brasilien gewinnen?

4 Antwort a: Gerd und Thomas Müller. Gerd verstand es, sich auf engstem Raum zu drehen und selbst aus ungünstigsten Positionen Tore zu schießen. Eigentlich war er kein Bomber, sondern „müllerte" die Tore irgendwie rein. Thomas Müller ist ein würdiger Nachfolger bei Bayern München und in der Nationalmannschaft: In seinen bisherigen zwölf WM-Spielen traf er zehnmal.

5 Uwe Seeler. Er führte die Nationalmannschaft 40-mal als Kapitän aufs Feld und wurde 1966 WM-Zweiter und 1970 WM-Dritter.

6 Ein einziges Mal, da aber richtig: beim 7:1 bei der WM 2014 in Belo Horizonte, Brasilien. Die deutschen Torschützen waren: Thomas Müller, Miroslav Klose, Toni Kroos (2), Sami Khedira und André Schürrle (2).

Fragen

7 Mehrere Tonis machten sich bisher in der Nationalmannschaft einen Namen. Kennen Sie zwei von ihnen?

8 „Ehre, wem Ehre gebührt." Welche Gemeinde ernannte Jogi Löw nach Erringung der Weltmeisterschaft zu ihrem Ehrenbürger?

9 Wer war Präsident des DFB, als Deutschland zum vierten Mal Weltmeister wurde?

a) Wolfgang Niersbach
b) Egidius Braun
c) Theo Zwanziger

10 Welcher überragende Torhüter nahm an mehreren WM-Endrunden teil, wurde aber nie Weltmeister?

a) Oliver Kahn
b) Sepp Maier
c) Bodo Illgner

7   Toni Turek, der Nationaltorhüter von 1954, Toni Schumacher, der von 1979 bis 1986 das Tor der Nationalmannschaft hütete und zweimal Vizeweltmeister wurde, sowie der Mittelfeldspieler Toni Kroos, Weltmeister von 2014.

8   Schönau im Schwarzwald. Die 2300 Einwohner zählende Heimatgemeinde des Bundestrainers machte ihn nicht nur zum Ehrenbürger, sondern benannte auch das örtliche „Buchenbrandstadion" in „Jogi-Löw-Stadion" um. Dort hat er das erste Mal Fußball gespielt und sein Bruder Peter betreibt heute die Stadiongaststätte.

9   Antwort a: Wolfgang Niersbach. Der frühere Sportjournalist bekleidete beim DFB verschiedene Führungspositionen, bevor er 2012 das Amt des DFB-Präsidenten von Theo Zwanziger übernahm.

10 Antwort a: Oliver Kahn. Der langjährige Bayern-Torwart wurde dreimal zum Welttorhüter des Jahres gewählt und arbeitet seit seinem Karriereende als TV-Kommentator. Bodo Illgner wurde 1990 Weltmeister, Sepp Maier 1974.

11 Welches neue Wort entstand während der Fußball-Weltmeisterschaft 2006 in Deutschland?

a) Schlunz
b) Schlams
c) Schland

12 Welcher Ex-Nationalspieler erfuhr bei seiner sozialen und finanziellen Notlage, dass auf Mitspieler auch nach der aktiven Zeit Verlass ist?

a) Uli Stein
b) Gerd Müller
c) Lothar Matthäus

13 Von welchem Nationaltrainer stammt folgender Satz: „Sex vor einem Spiel? Das können meine Jungs halten, wie sie wollen. Nur in der Halbzeit, da geht nichts."

a) Sepp Herberger
b) Berti Vogts
c) Jürgen Klinsmann

11 Antwort c: Schland. Das Mannheimer Institut für Deutsche Sprache (IDS) hat dieses Wort als Wortneuschöpfung in sein Nachschlagewerk „Neuer Wortschatz" aufgenommen. Dort wird „Schland" wie folgt definiert: „Deutschland als Land, dessen Bewohner ihre Fußballnationalmannschaft in einer Welt- oder Europameisterschaft feiern." Als Beispiele für eine typische Verwendung werden aufgeführt: „Schland rufen, Schland brüllen, Schland grölen."

12 Antwort b: Gerd Müller. Nach Beendigung seiner Fußballkarriere 1982 in Florida kam es zu persönlichen und finanziellen Schwierigkeiten, die zu akuten Alkoholproblemen führten. Anfang der 1990er-Jahre konnte sein früherer Mannschaftskollege Uli Hoeneß ihn jedoch von der Notwendigkeit einer Entziehungskur überzeugen und Franz Beckenbauer verschaffte ihm beim FC Bayern München eine Stelle als Trainer im Amateur- und Jugendbereich.

13 Antwort b: Berti Vogts. Weitere gelungene Sprüche von ihm sind: „Ich glaube, dass der Tabellenerste jederzeit den Spitzenreiter schlagen kann." „Wenn ich übers Wasser laufe, dann sagen meine Kritiker: Nicht mal schwimmen kann er." „Kompliment an meine Mannschaft und meinen Dank an unsere Mediziner. Sie haben Unmenschliches geleistet." „Die Breite an der Spitze ist dichter geworden."

Fragen

14 Welche deutsche WM-Mannschaft wollte auch mit ihrem Song „Fußball ist unser Leben" erfolgreich sein?

a) die 1954er-Mannschaft
b) die 1974er-Mannschaft
c) die 1990er-Mannschaft

15 Ob Mario Götze mit einer Statue für sein Tor gegen Argentinien einmal geehrt wird, bleibt abzuwarten. Welche Stadt im Ruhrgebiet ehrte ihren berühmtesten Fußballspieler mit einer Bronzestatue?

a) Essen
b) Dortmund
c) Mönchengladbach

16 Wann stand ein Spieler mit dem Vornamen Hans-Hubert in einem deutschen WM-Kader?

a) 1954
b) 1974
c) 1990

14 Antwort b: die 1974er-Mannschaft. Ein Jahr vor der Fußball-WM hatte Jack White den Song komponiert und produziert. Das Lied wurde zur Hymne der Fußball-WM 1974 und ist immer wieder bei Fußballspielen zu hören. Seine erste Strophe lautet: „Ha! Ho! Heja heja he! Ha! Ho! Heja heja he! Fußball ist unser Leben, denn König Fußball regiert die Welt. Wir kämpfen und geben alles, bis dann ein Tor nach dem andern fällt."

15 Antwort a: Essen. Helmut Rahns Statue von der Künstlerin Inka Uzoma kehrte 2014 genau 60 Jahre nach dem „Wunder von Bern" vor das neue Stadion „Essen" zurück. 2004 war die 1,70 Meter große und 80 Kilogramm schwere Figur im inzwischen abgerissenen Essener Georg-Melches-Stadion enthüllt worden. Ihr neuer Standort heißt fortan „Helmut-Rahn-Platz".

16 Antwort b: 1974. Hans-Hubert, genannt „Berti", Vogts spielte 96-mal für die Nationalmannschaft und wurde 1972 Europameister und 1974 Weltmeister. Von 1990 bis 1998 trainierte er die deutsche Nationalmannschaft und wurde mit ihr 1996 Europameister.

17 Wie oft trug Lothar Matthäus, der Kapitän der WM-Mannschaft von 1990, das Trikot der deutschen Nationalmannschaft?

a) 100-mal
b) 130-mal
c) 150-mal

18 Wie hieß der erste Präsident des DFB, der noch gegen Frauenfußball war?

19 Von Heinrich Heine stammt das Versepos „Deutschland – Ein Wintermärchen". Wozu hat es den Regisseur Sönke Wortmann inspiriert?

17 Antwort c: 150-mal. Matthäus nahm als Spieler an fünf Weltmeisterschaften teil (1982, 1986, 1990, 1994, 1998) und ist mit sagenhaften 150 Länderspielen deutscher Rekordnationalspieler.

18 Peco Bauwens (1886–1963). Der Nationalspieler, internationale Schiedsrichter und erste DFB-Präsident erklärte 1955 öffentlich: „Fußball ist kein Frauensport. Wir werden uns mit dieser Angelegenheit nie ernsthaft beschäftigen." Der Bundestag des DFB erklärte am 30. Juli 1955 zu diesem Thema: „Im Kampf um den Ball verschwindet die weibliche Anmut, Körper und Seele erleiden unweigerlich Schaden, und das Zurschaustellen des Körpers verletzt Schicklichkeit und Anstand." Er verbot seinen Vereinen einstimmig, Damenfußball-Abteilungen zu gründen oder Damenfußball-Abteilungen bei sich aufzunehmen.

19 Zu einem Kino-Dokumentarfilm mit dem Titel „Deutschland – Ein Sommermärchen". Hinter die Kulissen blickend, zeigt der Film die Nationalmannschaft bei der WM 2006 in einem fußballbegeisterten Deutschland.

Fragen 83

20 Fritz Walter war in den 1950er- und frühen 1960er-Jahren der bekannteste deutsche Fußballspieler. Welcher Fritz war es in den 1930er-Jahren?

21 Wie oft wurde die Frauenmannschaft des DFB Weltmeister?

a) einmal
b) zweimal
c) dreimal

22 Welche Frau ist Ehrenspielführerin der deutschen Nationalmannschaft?

a) Silvia Neid
b) Nia Künzer
c) Birgit Prinz

23 Wer machte wiederholt deutlich, dass ausgezeichnetes Fußballspielen und gutes Englisch zwei Paar Stiefel sind?

a) Lothar Matthäus
b) Rudi Völler
c) Günter Netzer

20 Fritz Szepan. Er zählte damals zu den besten Fußballern Deutschlands und nahm als Kapitän der Nationalmannschaft an den Weltmeisterschaften 1934 und 1938 teil. Mit dem FC Schalke 04 wurde er sechsmal deutscher Meister.

21 Antwort b: zweimal. 2003 in den USA mit einem 2:1-Sieg über Schweden und 2007 in China mit einem 2:0 gegen Brasilien.

22 Birgit Prinz. Sie spielte 214-mal in der Frauen-Nationalmannschaft und erzielte 128 Tore. Silvia Neid ist die Bundestrainerin seit 2005; Nia Künzer erzielte das „Golden Goal" im WM-Finale 2003, das letzte „Golden Goal" der Fußballgeschichte.

23 Antwort a: Lothar Matthäus. Er sagte bei einem Interview: „We have a little bit lucky." Von ihm stammen auch die Sätze: „Jeder, der mich kennt und der mich reden gehört hat, weiß genau, dass ich bald Englisch in sechs oder auch schon in vier Wochen so gut spreche und Interviews geben kann, die jeder Deutsche versteht." Oder: „ I look not back, I look in front."

24
Welcher Fußballverein hat sein Stadion nach einem Spieler der Weltmeistermannschaft 2014 benannt?

a) TV Oeffingen
b) FC Denzlingen
c) Köpenicker SC

25
Normalerweise hechtet ein Torhüter nach einem Ball. Welcher Nationaltorhüter und Weltmeister versuchte es zur Abwechslung mit einer Ente?

a) Sepp Maier
b) Toni Turek
c) Manuel Neuer

26
Von welchem Bundestrainer stammt die Mahnung „Wer oben ist, darf die unten nicht vergessen"?

a) Franz Beckenbauer
b) Helmut Schön
c) Sepp Herberger

24 Der TV Oeffingen. Der bei Fellbach gelegene schwäbische Ort Oeffingen hat seinen Sportplatz in „Sami-Khedira-Stadion" umbenannt. In der Jugendabteilung des dortigen Vereins hatte die Fußballkarriere des 1987 geborenen Khedira begonnen. 1995 wurde er als Achtjähriger von Talentspähern des VfB Stuttgart beobachtet und zum VfB geholt. Er spielte von 2006 bis 2010 in dessen Bundesligamannschaft.

25 Antwort a: Sepp Maier. 1976 beim Spiel des FC Bayern München gegen den VfL Bochum war eine Ente auf dem Spielfeld gelandet. Der sich heranpirschende Maier hechtete ihr nach. Die Ente war jedoch schneller.

26 Antwort c: Sepp Herberger. Beim Festakt zu seinem 80. Geburtstag im März 1977 gab der DFB als Geschenk die Gründung der Sepp-Herberger-Stiftung bekannt. Der Verband stellte eine Million Mark als Grundstockvermögen bereit. Sepp Herberger, dessen Ehe mit seiner Frau Eva kinderlos geblieben war, hatte den Wunsch, seinen Nachlass sozialen und karitativen Zwecken zur Verfügung zu stellen. Einen Monat nach Gründung der Stiftung erlag Herberger einem Herzversagen. Als seine Frau zwölf Jahre später starb, wurde die Sepp-Herberger-Stiftung Rechtsnachfolgerin und erbte das Privatvermögen der Familie. Sie springt immer wieder diskret ein, übernahm zum Beispiel die Beerdigung eines verarmten WM-Spielers.

27 Zu den Nationalspielern mit mehr als 100 Spielen für die Nationalmannschaft gehören:
Lothar Matthäus 150, Lukas Podolski 121 (Stand Januar 2015), Philipp Lahm 113, Jürgen Kohler 105, Per Mertesacker 104, Franz Beckenbauer 103, Thomas Häßler 101 und Ulf Kirsten 100.
Welche zwei Spieler fehlen in dieser Liste?

28 Seit 1990 gibt es in der Nationalmannschaft des wiedervereinigten Deutschlands zahlreiche Spieler, die in der DDR geboren wurden. Kennen Sie mindestens drei?

27 Miroslav Klose 137 und Bastian Schweinsteiger 108 (Stand Januar 2015)

28 Matthias Sammer, Michael Ballack, Ulf Kirsten, Thomas Doll, Bernd Schneider, Jörg Heinrich, Andreas Thom, Toni Kroos, René Adler, Steffen Freund, Alexander Zickler, Jens Jeremies, Marcel Schmelzer, Tim Borowski

Alle vier Jahre eine Fußball-Weltmeisterschaft

Die Endrunde der FIFA-Weltmeisterschaft – ein circa vier Wochen dauerndes Turnier – gilt nach den Olympischen Spielen als das bedeutendste Sportereignis der Welt. Viel Vergnügen bei der Beantwortung der vielseitigen WM-Fragen.

Fragen

1 **Welcher Spieler schoss bei Weltmeisterschaften bisher die meisten Tore?**

a) Luis Ronaldo
b) Miroslav Klose
c) Gerd Müller

2 **Wo fand die erste Fußball-Weltmeisterschaft statt?**

a) Argentinien
b) Uruguay
c) England

3 **Wann nahm Deutschland zum ersten Mal an einer Fußball-Weltmeisterschaft teil?**

a) 1934
b) 1938
c) 1954

Antworten

1. Antwort b: Miroslav Klose. In 23 Spielen erzielte Klose 16 Tore. In Brasilien verdrängte er Ronaldo, der bei Weltmeisterschaften 15-mal das Tor getroffen hatte, von der Spitze. Gerd Müller hatte mit 14 Treffern die Torschützenliste vor Ronaldo angeführt. Im August 2014 beendete Klose seine Karriere als Nationalspieler.

2. Antwort b: Uruguay, 1930. Alle Spiele fanden in Montevideo statt. 13 Länder nahmen daran teil, darunter vier europäische Mannschaften: Frankreich, Jugoslawien, Rumänien und Belgien. Erster Weltmeister wurde Gastgeber Uruguay mit einem 4:2 gegen Argentinien.

3. Antwort b: 1934. Auch die erste WM auf europäischem Boden konnte der Gastgeber für sich entscheiden: Italien besiegte im Finale die Tschechoslowakei. Deutschland wurde Dritter.

LEGENDE IM ANFLUG!

4 **Wie heißen die Plastiktrompeten, die bei der WM 2010 in Südafrika nicht zu überhören waren?**

5 **Welches Land wird die Fußball-Weltmeisterschaft 2018 ausrichten?**

a) Russland
b) Australien
c) Katar

6 **Welches Land war bei den 20 bisher ausgetragenen WM-Turnieren am erfolgreichsten?**

a) Uruguay
b) Italien
c) Brasilien

4 Vuvuzuelas. Das nervende Dauergeräusch überlagerte unabhängig vom Spielgeschehen die Stimmen der Fernsehkommentatoren. FIFA-Präsident Sepp Blatter hatte sich vor der WM gegen ein Verbot der Instrumente ausgesprochen: „Ich weiß nicht, ob wir diesen Sound stoppen können. Afrika ist laut, es ist voll Energie, Rhythmus, Musik, Tanz, Trommeln. Das ist Afrika, wir müssen dies so annehmen." In Brasilien war der Spuk wieder beendet.

5 Antwort a: Russland. Im Jahr 2022 soll das Scheichtum Katar an der Reihe sein. Die Kritik an beiden Entscheidungen nimmt jedoch an Schärfe zu. Verschiedene Ermittlungen haben bisher erhebliche Fälle von Korruption bei der Vergabe des ausrichtenden Landes ans Licht gebracht.

6 Antwort c: Brasilien. Es hat den Titel fünfmal gewonnen. Auf den Plätzen dahinter landen Italien und Deutschland (je vier Titel) und Argentinien und Uruguay (je zwei).

7. Wie breit ist ein Fußballtor?

a) 5,15 Meter
b) 7,32 Meter
c) 9,44 Meter

8. Wie oft wurde die englische Nationalmannschaft Weltmeister?

a) einmal
b) zweimal
c) nie

9. Wo wurde eine Grundschule nach dem Präsidenten eines internationalen Sportverbandes benannt?

7   Antwort a: Nach den Regeln der FIFA beträgt der Abstand zwischen den Pfosteninnenkanten 7,32 Meter. Die untere Kante der Querlatte ist 2,44 Meter vom Boden entfernt, was dem Verhältnis 1:3 entspricht. Pfosten und Querlatte dürfen nicht mehr als zwölf Zentimeter breit und tief sein, müssen das gleiche Format haben und weiß sein.

8   Antwort a: einmal, 1966. England besiegte die deutsche Nationalmannschaft im Londoner Wembley-Stadion mit 4:2 nach Verlängerung. Auf dieses Spiel geht der Begriff „Wembley-Tor" zurück: In der 101. Minute prallte der von Geoff Hurst aus kurzer Distanz geschossene Ball von der Unterkante der Latte auf die Torlinie (deutsche Version) bzw. hinter die Torlinie (englische Version), bevor er vom deutschen Verteidiger Wolfgang Weber übers Tor ins Aus geköpft wurde. Der Schweizer Schiedsrichter entschied nach Rücksprache mit dem sowjetischen Linienrichter auf Tor. Die Entscheidung war spielentscheidend. Beim Spielstand von 3:2 für England öffnete das deutsche Team die Abwehr und kassierte in den Schlusssekunden ein weiteres Tor.

9   Im schweizerischen Visp im Kanton Wallis. Das dortige Alte Schulhaus der Primarschule trägt seit 1999 den Namen „Sepp-Blatter-Schulhaus". Der 1936 in diesem Ort geborene Sepp Blatter ist seit 1998 Präsident der FIFA. Seine Amtsführung wird zunehmend kritisiert.

10 **Bisher haben 20 Fußball-Weltmeisterschaften stattgefunden. Welches Land war jedes Mal dabei?**

a) England
b) Brasilien
c) Italien

11 **Welcher Fußballspieler wurde dreimal Weltmeister?**

a) Eusebio
b) Ronaldo
c) Pelé

12 **Brasilien hat die meisten WM-Endspiele gewonnen. Welches Land hat dagegen die meisten Endspiele verloren?**

a) Italien
b) Uruguay
c) Deutschland

10 Antwort b: Brasilien hat an allen bisher ausgespielten 20 Endrunden teilgenommen.

11 Antwort c: Pelé. Der unter dem Namen Edson Arantes do Nascimento geborene brasilianische Fußballspieler gilt als bester Spieler aller Zeiten. Berühmt wurde er vor allem durch den dreifachen Gewinn der Weltmeisterschaft 1958, 1962 und 1970.

12 Antwort c: Deutschland. Es unterlag in den Endspielen 1966 gegen England (2:4 nach Verlängerung), 1982 gegen Italien (1:3), 1986 gegen Argentinien (2:3) und 2002 gegen Brasilien (0:2).

13 Wie viele Weltmeisterschaften fanden in Brasilien statt?

a) drei
b) zwei
c) eine

14 Warum nahm an der Weltmeisterschaft in Brasilien 1950 keine deutsche Mannschaft teil?

a) Die Alliierten verboten eine Teilnahme
b) Es gab noch keine Nationalmannschaft
c) Der DFB war noch nicht wieder Mitglied der FIFA

15 Wie lautete das offizielle Motto der Weltmeisterschaft 2006 in Deutschland?

a) Die Welt zu Gast bei Freunden
b) Frisch, Fröhlich, Frei
c) Hipp, Hipp, Hurra

13 Antwort b: zwei, 1950 und 2014. Der Gastgeber konnte aber beide nicht gewinnen; man unterlag jeweils dem späteren Weltmeister (1950 1:2 im Finale gegen Uruguay und 2014 1:7 im Halbfinale gegen Deutschland).

14 Antwort c: Der DFB war noch nicht wieder Mitglied der FIFA. Nach Ende des Zweiten Weltkriegs dauerte es bis zum September 1950, bis der neu gegründete DFB wieder in die Fußballfamilie aufgenommen wurde.

15 Antwort a: Die Welt zu Gast bei Freunden. Der österreichische Chansonnier und Aktionskünstler André Heller, der ursprünglich das Rahmenprogramm der Spiele entwerfen sollte, hatte das Motto ersonnen. Unstimmigkeiten führten jedoch zum Ende der Zusammenarbeit mit der FIFA.

Gegen welches Land bestritt Deutschland 1934 sein erstes offizielles Weltmeisterschaftsspiel?

a) Frankreich
b) Belgien
c) Ägypten

 Während der Weltmeisterschaft 1986 in Mexiko musste ein deutscher Spieler das Mannschaftsquartier verlassen und vorzeitig die Heimreise antreten. Er hatte den Teamchef beleidigt. Wie hatte er ihn genannt?

a) Lichtgestalt
b) Suppenkasper
c) Kaiserschmarrn

16 Antwort b: Belgien. Die zweite Fußball-Weltmeisterschaft wurde vom 27. Mai bis 10. Juni 1934 in Italien ausgetragen. Deutschland besiegte Belgien mit 5:2.

17 Antwort b: Uli Stein nannte Teamchef Franz Beckenbauer einen „Suppenkasper". Der überragende Torhüter kam von 1983 bis 1986 sechsmal für den DFB zum Einsatz und stand bei der WM in Mexiko im deutschen Aufgebot. Nachdem Beckenbauer ihm aber dort erklärt hatte: „Du bist derzeit der beste Torwart der Welt, aber hier kannst du nicht spielen", war Uli Stein maßlos enttäuscht. Tief gekränkt suchte er seinen Frust damit zu bewältigen, dass er unter anderem in der Hotellobby demonstrativ Bier trank und den Teamchef als „Suppenkasper" bezeichnete. Beckenbauer hatte zu Beginn seiner Karriere im Fernsehen Werbung für Knorr-Tütensuppen gemacht. Die Suppenkasper-Affäre beendete Steins Karriere als Torhüter in der Nationalmannschaft.

Günther Misenta, geb. 1941, hat als Zwölfjähriger „das Wunder von Bern" am Radio miterlebt; er unterrichtete die Fächer Englisch, Geschichte und Politik an Freiburger Gymnasien; Anhänger des SC Freiburg; Herausgeber von Schulbüchern und Quiz-Ratespielen.

Christoph Härringer ist so alt wie die Bundesliga und lebt in Berlin. Obwohl er nach eigenen Angaben von Fußball keine Ahnung hat, ist seine „Spottschau" der meistveröffentlichte deutsche Zeitungscomic.

Impressum

Bibliografische Information der Deutschen Nationalbibliothek
Die Deutsche Nationalbibliothek verzeichnet diese Publikation in der Deutschen Nationalbibliografie; detaillierte bibliografische Daten sind im Internet über http://dnb.d-nb.de abrufbar.

ISBN 978-3-8319-0608-6

© Ellert & Richter Verlag GmbH, Hamburg 2015

Dieses Werk einschließlich aller seiner Teile ist urheberrechtlich geschützt. Jede Verwertung außerhalb der engen Grenzen des Urheberrechtsgesetzes ist ohne Zustimmung des Verlages unzulässig und strafbar. Dies gilt insbesondere für Vervielfältigungen, Übersetzungen, Mikroverfilmungen und die Einspeicherung und Verarbeitung in elektronischen Systemen.

Text: Günther Misenta
Cartoons: Christoph Härringer
Gestaltung: BrücknerAping Büro für Gestaltung GbR, Bremen
Gesamtherstellung: CPI books GmbH, Leck

www.ellert-richter.de